Viva Melhor

Autor: Maosilva
Título original: Viva Melhor

Imagem da capa: Marcelo Oliveira Silva
Capa: Marcelo Oliveira Silva

Revisão e Diagramação: Marcelo Oliveira Silva

Câmara Brasileira do Livro

Título: Viva Melhor
ISBN: N/A
Formato: Livro Digital
Veiculação: Digital

Título: Viva Melhor
ISBN: 9786500190861
Formato: Livro Físico

2022

A todos que, assim como eu, por alguns momentos resolvem parar e pensar na vida.

(Marcelo Oliveira Silva)

Sumário

O que te incomoda?

Gosto de pensar que nossa vida é como uma partida de xadrez: nossos movimentos é que nos levam a vitória ou a derrota. Nós somos responsáveis pelas consequências das nossas ações. Perder alguns Peões, ou até mesmo a sua Rainha, não significa que a batalha está perdida, assim como desempenhar uma boa estratégia para avançar suas peças não quer dizer que está ganha. O certo é que em nossa vida o jogo não termina após o xeque-mate. Ganhando ou perdendo as partidas continuam, queira você jogar ou não.

O mundo moderno nos traz uma carga gigantesca de cobranças: no trabalho, nos estudos, vida social, status, na família, e nos obriga a movimentar nossas peças. A partida ocorrerá mesmo que você não se mexa. Às vezes movemos as peças por necessidade de nos provar a outros. A maior parte das ações que executamos, considerando o âmbito social, é para mostrar a outros nossas melhorias ou conquistas. É um método de comparação que nos leva a concluir que nossa felicidade ou bem estar seguem a "régua" do outro ao invés de objetivos claros definidos por nós mesmos. É como aquele velho ditado que diz: Você compra coisas que não precisa com dinheiro que não tem para impressionar quem você nem conhece. Tudo a nossa volta nos pressiona a focar em resultados e na grande maioria das vezes nos induz a deixar, sem perceber, o Rei ameaçado por um Bispo. Um fato importante é o de que não largamos todos da mesma posição e uma peça que é importante no meu tabuleiro pode não ser no seu, isto é, uma carga que é pesada demais para mim pode ser leve para você e vice-versa.

A pergunta em destaque pode parecer a princípio invasiva, mas prometo que será interessante você fazê-la a si mesmo. Guarde as respostas e, se possível, anote-as. Elas serão o seu “xeque-mate”. O que quero dizer com isso? Imagine que o que te incomoda é o que você precisa resolver para vencer a partida. Para vencer a partida você pressiona o Rei adversário deixando-o sem saída (XEQUE-MATE). Tudo que você terá que fazer é atuar na eliminação desse(s) incômodo(s) para viver melhor.

Caso você tenha comparado incômodo com problema nessa descrição, irei exemplificar: Precisamos saber diferenciar o que realmente é um problema e o que é um desafio em nossa vida. Em minha humilde opinião problemas são doenças, algo que não há possibilidade de resolvermos, algo que te corroe; qualquer outro empecilho devemos encarar como desafio. E a verdade é que a esmagadora maioria dos desafios que enfrentamos são ocasionados por nós mesmos. É como gosto de dizer: A vida é movida a resolução de "problemas" (no caso refiro-me aos desafios e também aos problemas). A simples ação que soluciona um acaba criando outros, e isso é normal.

Por exemplo: Você está desempregado e precisando de dinheiro. Seu desafio é conseguir um emprego. Quando você finalmente soluciona este desafio e registra sua carteira na cidade vizinha, automaticamente cria outros desafios tais como: quem cuidará de seus filhos(as) caso tenha? Como irá se locomover até o local de trabalho? Entre outros. Talvez você resolva ir com ônibus intermunicipal, daí terá o desafio com as passagens e horários. Caso opte por adquirir um veículo, terá os custos de financiamento (se for o caso) e combustível. Enfim, por aí vai!

Para resumir, entenda que qualquer ação tomada por você, por mínima que seja, para solucionar um desafio ou não, gerará novos desafios, simples ou não, para serem resolvidos.

Não sou nenhum estudioso sobre o assunto. Sou apenas um humilde escritor que está em seu segundo livro, tentando compartilhar alguns pensamentos que minimamente possam servir de ajuda a alguém. A seguir apresentarei de maneira bem simples e didáticas algumas dicas, as quais defini refletindo sobre a vida e seus desafios e comparando-os a uma partida de xadrez, para viver de uma maneira simples e melhor.

Muito do que está aqui provavelmente você já saiba, mas talvez nunca tenha parado para pensar sobre. Seguir as Dicas ou não é sua escolha, mas se chegou até aqui não custa nada lê-las e extrair algum proveito. Boa leitura!

Dica 1: Relaxe

A partida está prestes a começar e você ainda tem casas seguras para onde se movimentar.

O ponto a destacar aqui é: Como anda o seu psicológico? Todos nós podemos ter alguma espécie de trauma ou fobia mesmo que não saibamos ou que achemos que não. Faça uma autoanálise e entenda a sua mente. Esse processo pode durar uma vida, não importa! Apenas se conheça.

Olhando para as pressões externas, não ligue demais para o que o outros pensam sobre você. Tenha bom senso em absorver e interpretar as críticas que chegam de fora e aproveite o que lhe for útil, descartando o resto.

Não deixe alguém lhe dizer que não é capaz ou que seu projeto está ruim e não irá para frente, aliás, deixe! Mas siga a orientação do parágrafo anterior. Se você acredita que é possível, persista! Trabalhe para que se concretize. Acreditar que vai dar errado é o primeiro passo para que seu projeto realmente não progrida. As pessoas costumam espelhar nos outros a sua incapacidade. Frequentemente você ouvirá frases como: "Não vai dar certo" ou "Isso não é para você" (eu já ouvi e ainda estou na luta). Na Dica 5 você lerá o que tenho pensado sobre isso. Se não consigo executar algo, posso tender a acreditar que o "fulano" também não o possa. Isso pressupõe um pouco da arrogância existente no ser humano e a dificuldade de dar o braço a torcer. É difícil elogiar o outro, o mais fácil é criticar. Às vezes nem é por maldade.

E aí está mais uma dica: não seja arrogante. Tenha humildade. Nunca saia jogando com peças que não sejam o Peão. Siga a ordem das coisas e não coloque o Cavalo a frente a menos que tenha certeza do que está fazendo. Muitas catástrofes podem acontecer se você colocar a carroça na frente dos bois.

Relaxe e não dê importância além da necessária a desafios que não exigem tanto a sua atenção. Como dito, saiba filtrá-los e deixe em segundo plano o que puder ser deixado. Há empecilhos que se resolvem naturalmente. Certa vez dois jovens estudaram para prestar o vestibular para medicina. O primeiro rapaz (Vamos chama-lo de Greg) estudou exaustivamente e o segundo rapaz (Vamos chama-lo de Dimas) estudou de maneira negligente, apenas poucas vezes. No dia do exame Greg passou por uma crise de ansiedade pois ser médico era algo que ele desejava muito. Dimas permaneceu tranquilo pois não ligava para o resultado da prova. No fatídico fim da história,

Dimas foi aprovado ficando acima da linha de corte e Greg não conseguiu atingir a pontuação necessária. Por que isso ocorreu? Basicamente porque Greg preocupou-se demasiadamente com seu desafio, colocando-o em um pico inalcançável enquanto Dimas deu a seu desafio apenas a devida importância.

Entenda também que nem tudo está sob seu controle, aliás quase nada está. Saiba que muitas das batalhas serão perdidas e isso te fortalece. Por isso não preencha todo seu tempo com trabalho. Você deve ter um tempo para si, para o lazer, para refletir. Daí surgem as grandes ideias. Entretanto não faça da sua vida uma grande ociosidade, saiba equilibrar os pratos. Não saia avançando todos os Peões ao campo adversário deixando as outras peças para trás.

Espere para fazer seus movimentos e controle sua ansiedade que é hoje o grande mal do mundo moderno, mas para nossa sorte existem tratamentos com uso de remédios ou mesmo psicológicos. É claro que o ideal e mais saudável é você criar um mindset para conter essa explosão emocional. Lembre-se: uma peça de cada vez.

E por último, aceite que o mundo não gira ao seu redor. Você não é o centro das atenções e nem tudo é sobre você ou para você. Isso pode ser benéfico às vezes pois te deixa livre para dar seus passos sem holofotes. Em contrapartida você também não deve abraçar o mundo, saiba dizer não. Existe um limite, conheça-o! A definição de multitarefa é bem ampla e você deve se conhecer o bastante para saber até onde pode ir. Quanto antes você entender isso mais tranquila estará a sua mente para absorver a Dica 2.

Algumas frases para refletir:

"Estou aberto e sabendo muito bem quem sou e o que pretendo sem ilusões enlouquecidas, a não ser as necessárias pra se curtir uma boa vida." (Caio Fernando Abreu).

"Felizes os que dão risada das suas tolices, pois deles é a fonte do relaxamento." (Augusto Cury).

"Quem é um manual de regras está apto a lidar com máquinas e não com pessoas." (Augusto Cury).

"Quando vem a madrugada, meu pensamento vagueia." (Marisa Monte).

"Deixo-vos a paz, a minha paz vos dou; não dou como o mundo a dá. Não se turbe o vosso coração, nem se atemorize." (João 14:27).

"Entregue suas preocupações ao Senhor, e Ele o susterá; jamais permitirá que o justo venha a cair." (Salmos 55:22).

"Venham a mim, todos os que estão cansados e sobrecarregados, e eu darei descanso a vocês. Tomem sobre vocês o meu jugo e aprendam de mim, pois sou manso e humilde de coração, e vocês encontrarão descanso para as suas almas." (Mateus 11:28-29).

***Os nomes Greg e Dimas são fictícios e foram extraídos do livro MARGOT SALTEADORA (Maosilva)**

Dica 2: Ame

Como o Peão, dê sua vida.

Saiba dar valor a cada peça no seu tabuleiro. O Peão é considerado a peça mais fraca no xadrez, porém é de grande utilidade. Ele dá a sua vida pelo objetivo da partida e por isso tem o seu valor. Como a capa deste livreto mostra, Peões são perfeitamente capazes de aplicar um xeque-mate. Você deve fazer o mesmo no sentido de valorizar as coisas a sua volta.

Valorize tudo o que conquistou até aqui. Não falo apenas de coisas materiais, mas sim do que você aprendeu, das pessoas de seu convívio, seu trabalho e relacionamentos. Enfim, ame a pessoa na qual se tornou! Pense em suas qualidades e anime-se, não espere outro aparecer para animar você. Isso dificilmente ocorrerá. Ame a vida! Seja como o Samaritano da parábola no texto em destaque: ***"Descia um homem de Jerusalém para Jericó, e caiu nas mãos dos salteadores, os quais o despojaram, e espancando-o, se retiraram, deixando-o meio morto. E, ocasionalmente descia pelo mesmo caminho certo sacerdote; e, vendo-o, passou de largo. E de igual modo também um levita, chegando àquele lugar, e, vendo-o, passou de largo. Mas um samaritano, que ia de viagem, chegou ao pé dele e, vendo-o,*** *moveu-se de íntima compaixão; E, aproximando-se, atou-lhe as feridas, deitando-lhes azeite e vinho; e, pondo-o sobre a sua cavalgadura, levou-o para uma estalagem, e cuidou dele; E, partindo no outro dia, tirou dois dinheiros, e deu-os ao hospedeiro, e disse-lhe: Cuida dele; e tudo o que de mais gastares eu to pagarei quando voltar"*.

Quem é valorizador automaticamente se torna mais cuidadoso com o que conquistou. Não é difícil agir assim, apenas treine seu cérebro para enxergar as coisas sobre um ponto de vista positivista. É claro que você não deve fazer isso de forma exagerada pois tudo em demasiado é prejudicial. Por isso o reforço de atentar-se para a Dica 1 e se conhecer melhor para viver melhor.

Aproveite para valorizar até o que não dá certo pois isso também lhe trará algum aprendizado.

O que não for “amável” para você ou o que te corroe, remova imediatamente de sua vida. Essas coisas são um atraso, não se apegue a elas. Você perceberá o quanto sua bagagem ficará mais leve. Com uma bagagem mais leve você pode andar mais rápido, ou como eu gosto de pensar, ir mais longe.

Tente se tornar uma boa pessoa e treine exaustivamente a sua paciência e estará pronto para absorver a Dica 3.

Algumas frases para pensar:

"Amar alguém é viver o exercício constante de não querer fazer do outro o que a gente gostaria que ele fosse. A experiência de amar e ser amado é acima de tudo a experiência do respeito." (Padre Fábio de Melo).

"Orgulho é consciência de valor, de trabalho bem-feito." (Luiz Carlos Prates).

"Enquanto você não se der valor, não valorizará seu tempo. Enquanto não

der valor ao tempo, não fará nada de importante." (Morgan Scott Peck).

"Todas as vossas coisas sejam feitas com amor" (1 Coríntios 16:14).

"E, sobre tudo isto, revesti-vos de amor, que é o vínculo da perfeição" (Colossenses 3:14).

"Amai-vos cordialmente uns aos outros com amor fraternal, preferindo-vos em honra uns aos outros" (Romanos 12:10).

***O texto em destaque foi extraído da Bíblia Sagrada (Lucas 10:32-35).**

Dica 3: Cuide da sua Vida

Foque apenas em suas peças no tabuleiro

Não seja curioso! Você não precisa saber sobre a vida das pessoas. Como está o tabuleiro delas, se estão vencendo ou perdendo suas partidas, não é de seu interesse!

Em contrapartida você não deve ser rude, se quiserem compartilhar algo, escute (Dica 4). Se puder ajudar alguém a mover suas peças, ajude! E se você resolver escutar tome muito cuidado para não tomar os problemas dos outros para si. Lembre-se de que já tem desafios demais na sua conta para você se aventurar em assumir os de outros, seu tabuleiro tem 32 peças e não 64. Mas, novamente, isso não quer dizer que você não deva se importar com as pessoas de seu convívio. Entenda o fato de que cada um deve suportar o seu fardo, não se sobrecarregue.

Por outro lado nossos primos, irmãos, tios, pais, amigos, por conta da proximidade e as vezes inconscientemente, tendem a oferecer-nos opiniões e palpites acerca do que consideram ser o melhor para eles e, consequentemente, para nós. Essa é uma situação que exige a imposição de limites, porém muitos têm dificuldades em fazer isso pelo simples motivo de terem crescido ouvindo, fazendo ou deixando de fazer alguma coisa por “ordens” de outro. Geralmente o mesmo indivíduo que hoje dispara os palpites.

Por exemplo: Os pais e familiares mais próximos ficam em primeiro lugar nessa categoria, pois acreditam que fazem e querem o melhor para seus filhos (você é o filho nesse exemplo) permitindo-se mover Peões, mudar estratégias e conduzir jogadas como fazem em sua própria vida ou como desejam para si mesmos. Tenha tato para criar os devidos limites.

Outro ponto pode soar egoísta, mas aí vai: Sempre procure o melhor para você, obviamente sem prejudicar o outro. Seja honesto para ter a consciência tranquila. O que tiver de ser seu será, não duvide disso. Não é questão de superstição ou fé, em minha opinião é uma realidade. Todavia não fique esperando as coisas caírem do céu, trabalhe para que os resultados venham (Dica 7).

Pense em como investir em si mesmo nas diversas áreas como a da saúde, conhecimento, estética, entre outras, e estará pronto para pôr em prática a Dica 4.

Alguns textos para você refletir:

"Não saia da vossa boca nenhuma palavra torpe, mas só a que for boa para promover a edificação, para que dê graça aos que a ouvem" (Efésios 4:29).

"O hipócrita, com a boca, danifica o seu próximo,
mas os justos são libertados pelo conhecimento" (Provérbios 11:9).

"Guarda a tua língua do mal e os teus lábios,
de falarem enganosamente" (Salmos 34:13).

"Muitas vezes, as soluções mais interessantes e inovadoras vêm do fato de você ter percebido como sua

concepção do problema estava errada." (Eric Raymond).

"Quando surgem problemas e as coisas parecem ruins, sempre há um indivíduo que percebe uma solução e está disposto a assumir o comando. Muitas vezes, essa pessoa é louca." (Dave Barry).

"É apenas por causa dos problemas que crescemos mental e espiritualmente." (Morgan Scott Peck).

Dica 4: Aprenda

Como o Cavalo sempre busque mais.

Sabe qual é uma das maravilhas de se poder, de uma maneira geral, perceber ou sentir o mundo a sua volta? A possibilidade de aprender! Você pode tirar lições de tudo que permeia seu convívio, inclusive de supostos fracassos. Pode não parecer, mas isso é benéfico.

Você pode aprender algo, por menor que seja, lendo em uma viagem, admirando crianças brincando, ouvindo músicas ou assistindo tv, conversando ou apenas observando o mundo a sua volta. Observe como pessoas que, em sua opinião têm uma boa qualidade de vida, movimentam suas peças e pense na aplicação desses movimentos em sua partida, analise. Você pode olhar para seus erros e extrair várias lições deles. E melhor ainda: você pode aprender com tropeços dos outros. Para isso, seja um bom ouvinte e um ótimo observador. Faça como o Cavalo e vá além. Trata-se da única peça em seu tabuleiro que pode pular um obstáculo. Absorva sempre, filtre e descarte depois o que for dejeto.

Use algo parecido com a teoria do funil ou filtro: Nem tudo é pra você, diminua a vazão dessa torneira para ficar mais fácil selecionar o que lhe é útil.

Por exemplo: As crianças utilizam inconscientemente um sistema de aprendizagem que é conhecido como aprendizagem social. Trata-se da aprendizagem citada anteriormente, por observação. Ela se dá por meio da imitação ao se observar o comportamento principalmente dos pais. Os filhos podem não reproduzir necessariamente as suas expressões, porém com toda a certeza adquirem alguns dos seus padrões sociais. Esta aprendizagem acontece em 4 fases que são:

- *Aquisição:* A criança irá observar o modelo paterno e reconhecer sua conduta;
- *Retenção:* A criança irá armazenar as respostas deste modelo;
- *Desempenho:* Ela vai reproduzir o comportamento do modelo que julgar apropriado em sua mente;
- *Consequências:* São exatamente as consequências de sua conduta. Elas irão enfraquecer ou fortalecer o aprendizado e fazer com que ele seja efetivado ou não.

Uma outra dica muito importante é: Seja resiliente. Esse processo pode ser trabalhoso, mas te deixa mais forte. Esforce-se para aplica-lo. Seja persistente, porém perspicaz naquilo em que acredita, melhorando cada vez mais, um passo de cada vez.

Não confie cegamente em alguém pois as pessoas buscam primeiramente seus interesses (e tudo bem), mas aprenda lidar com isso e estará começando a praticar a Dica 5.

Abaixo alguns pensamentos:

"O que ama a correção ama o conhecimento,

mas o que aborrece a repreensão é um bruto" (Provérbios 12:1).

"Como nada, que útil seja, deixei de vos anunciar e ensinar publicamente e pelas casas" (Atos 20:20).

"Ensina-me, Senhor, o teu caminho,
e andarei na tua verdade;
une o meu coração ao temor do teu nome" (Salmos 86:11).

"As decepções se tornam positivas quando enxergamos como aprendizado." (Aguiralfre Furtado).

"Ninguém pode aprender algo que acredita que já sabe." (Alison Zigulich).

"Lembre-se que não há erros, apenas lições." (Cherie Carter-Scott).

Dica 5: Cale a Boca

Como o Bispo movimente-se silenciosamente.

Sendo supersticioso ou não, você já deve ter notado, em algum momento da sua vida, que seus planos não deram certo e você não entendeu o porquê. Provavelmente você os compartilhou com um amigo, familiar ou colega de trabalho. Costuma-se dizer que quando contamos nossos planos para outras pessoas, eles têm a tendência de dar errado. Podem existir vários motivos para isso acontecer: inveja, mau olhado, ciúme ou até desejos de outra pessoa para que tudo dê errado. Sempre estaremos cercados de pessoas assim.

Essa é a Dica que julgo ser a de maior importância. O Bispo tem a habilidade de saltear no velho estilo Margot, isto é, rasgar a diagonal do tabuleiro e ser percebido somente quando é tarde demais. Faça como ele e fique de bico calado! Não conte seus planos a ninguém. Seja percebido apenas quando necessário.

Não falar de nossas pretensões ou planos para outras pessoas tem o mesmo peso de não compartilhar nossa felicidade de forma explicita. O exemplo das redes sociais enfatiza ainda mais a crença de que não contar seus planos te previne de que eles deem errado. Hoje vivemos em uma sociedade em que quanto menos souberem de nossa vida, melhor, devido às pessoas mal intencionadas que podem se aproximar da nossa vida através das máscaras da internet. Ainda mais quando estamos felizes e queremos compartilhar algo que celebramos. Assim, entenda que não divulgar seus planos ou sua felicidade também é uma maneira de se proteger de pessoas ruins. Aquelas pessoas que sentem prazer em estragar momentos, pessoas falsas. Sim! Elas existem! Mas acho que você já sabia disso.

Outro ponto a destacar é uma possível frustração por conta de um plano que não tenha corrido como você previu. Se seus planos foram divulgados, a sua "derrota" também será vista e lidar com isso lhe trará uma carga maior do que a que teria que suportar caso ninguém soubesse de nada. As pessoas pensaram que você deve explicações, lhe cobrarão resultados. Você terá que lidar com a sensação de perda e também com a opinião alheia.

Para os desafios funciona da mesma forma. Apenas conte um problema/desafio a alguém que tenha poder para resolvê-lo ou possa ajudar você a resolver. Se não encontrar alguém de confiança e que o apoie, seja você mesmo seu próprio esteio.

Algumas frases para pensar:

"Até o insensato passará por sábio, se ficar quieto, e, se contiver a língua, parecerá que tem discernimento." (Provérbios 17:28).

"O tolo não tem prazer no entendimento, mas sim em expor os seus pensamentos." (Provérbios 18:2).

"Quem tem conhecimento é comedido no falar, e quem tem entendimento é de espírito sereno." (Provérbios 17:27).

"O silencio é, às vezes, mais eloquente que os discursos." (Sabedoria Árabe – Wanka).

"Não grites! Quem quiser te escutar, escuta até o teu silencio!" (Lívia Cassemiro).

"A sabedoria humana aprende muito se aprender a calar-se." (Jacques Benigne Bossuet).

O nome Margot citado faz referência a personagem do livro MARGOT SALTEADORA (Autor Maosilva).

Dica 6: Estruture-se

Como a Rainha seja calculista.

Estruture-se emocionalmente e não se deixe abater. Aja como a Rainha e domine todo o tabuleiro. Conheça o jogo por completo e treine a sua capacidade de se recobrar ou de se adaptar à má sorte ou às mudanças. Quanto antes se levantar em caso de queda, menor será o sofrimento. Isso é Resiliência!

Crie equilíbrio emocional. Sei que é muito mais fácil falar do que praticar, porém faça um esforço. Valerá à pena!

As emoções costumam aparecer sem avisar. Em frações de segundos somos impactados e um gatilho é disparado. Não existem emoções positivas ou negativas. O que difere é a maneira como reagimos a estas emoções. A forma como você escolhe responder a elas é que pode ser positiva ou negativa.

Por exemplo: Uma emoção que muitos acreditam ser negativa, a raiva, pode sinalizar que alguma ação precisa ser tomada. Você pode direcionar essa energia para algo bom se quiser. Provavelmente você já presenciou alguém que, envolto em um episódio de raiva, impediu que uma injustiça acontecesse.

A maioria das pessoas diria que a alegria é uma emoção positiva. Sabia que um estado feliz pode te levar a uma ação destrutiva? Digamos que um pico de felicidade, ou qualquer emoção, pode ofuscar o seu racional, neste exemplo, deixando-o desatento enquanto manuseia uma faca preparando o almoço ou opera uma máquina no trabalho. Existe uma grande chance de você se ferir. Uma ação destrutiva poderia ser desencadeada por um episódio de alegria.

O que seria, então, o tão buscado equilíbrio emocional? Na prática nós vivemos nos equilibrando na linha tênue entre abafar nossos sentimentos e extravasá-los. Os extremos são prejudiciais. Quando abafa seus sentimentos, segura-os para você, gera estresse e afeta diretamente seu sistema nervoso. O contrário, ser impulsivo e extravasar seus sentimentos assim que surgem, sem filtros, também pode ser prejudicial. Em quantos desentendimentos ou desavenças você já se meteu por não ter se controlado?

Paul Ekman é um grande estudioso das emoções e expressões faciais. Seus estudos também serviram de base para vários filmes e séries. Ele foi, inclusive, consultor da animação da "Divertidamente" da Disney, que mostra como cada emoção tem um papel importante em nossa vida. Cito Paul Ekman porque provem de seus estudos o mapeamento das 7 emoções universais, as quais devemos equilibrar para manter a nossa partida em andamento e não destruir nosso tabuleiro. São elas: Alegria, Nojo, Desprezo, Medo, Tristeza, Surpresa e Raiva.

Você deve trabalhar para equilibrar as 7 emoções universais e consequentemente encontrar o seu equilíbrio emocional. Apenas você pode controlar e escolher como se relacionar com suas emoções, mas o legal é que pode aprender a manejá-las.

Nem abafar e nem extravasar, entende-las e escolher como proceder. Isso é o começo de sua estruturação. Autoconhecimento.

Quando você entende que não deve mais fugir ou resistir a suas emoções e aprende a encará-las com curiosidade para aprender, dá o próximo passo para um relacionamento melhor com os outros e, o mais importante, consigo mesmo.

Quando digo estruture-se, também falo sobre planejar-se. Como a Rainha, você já conhece todo o tabuleiro, lembra? Crie um plano de longo, médio ou pequeno prazo para atingir um objetivo. Lembre-se: Um objetivo de cada vez. Ao deparar-se com barreiras ou supostos fracassos, relembre os passos anteriores.

Tente prever a maioria das possibilidades. E essa parte é assim mesmo, raciocine, pense e reflita de novo! Tenha um plano B, assim você fortalece a sua estrutura e estará pronto para a Dica 7.

Abaixo algumas frases conhecidas para refletir:

"A vida é como o andar de bicicleta para se manter o equilíbrio,
é necessário está em constante movimento." (Padilha).

"Atenção é um processo mental; medo, uma emoção destrutiva." (Charles J. Givens).

"Quando os pensamentos não neutralizam uma emoção incômoda, a ação o faz." (William Clement Stone).

"Descanse no Senhor e aguarde por ele com paciência; não se aborreça com o sucesso dos outros nem com aqueles que maquinam o mal. Evite a ira e rejeite a fúria; não se irrite: isso só leva ao mal. Pois os maus serão eliminados, mas os que esperam no Senhor receberão a terra por herança". (Salmos 37:7-9).

"Não andem ansiosos por coisa alguma, mas em tudo, pela oração e súplicas, e com ação de graças, apresentem seus pedidos a Deus". (Filipenses 4:6).

"Sejam completamente humildes e dóceis, e sejam pacientes, suportando uns aos outros com amor". (Efésios 4:2).

As informações sobre as emoções foram extraídas das pesquisas de Paul Ekman no livro "A LINGUAGEM DAS EMOÇÕES" (Autor Paul Ekman).

Dica 7: Mexa-se

Como a Torre crie oportunidades e execute o que planejou.

Não existe nenhuma regra especifica aqui, simplesmente execute os movimentos planejados nos capítulos anteriores. A Torre simboliza a ação! Seja engajado ao objetivo que propôs para executar o que está planejado com disciplina e comprometimento. Isso vale para um projeto em seu trabalho ou até mesmo uma meta de leituras anuais, qualquer coisa! Muitas vezes pensará em desistir, mas manter a disciplina é fundamental para colher os frutos mais tarde, sejam eles bons ou ruins. Lembre-se: Aprendizado!

Entenda que nem sempre é preciso seguir à risca o planejado, algumas modificações conscientes executadas por você durante o trajeto podem ser bem vindas e, às vezes, melhores do que o plano original. Nada é engessado! Por isso é importante ser como a Rainha do capítulo anterior e a Torre para conhecer toda a cadeia de valor, sabendo decifrar onde estão os processos críticos e atuar neles. Isso mesmo! Como em uma empresa. Pense que você é o líder da empresa "VIDA". Cada um é líder da sua.

Durante toda a sua partida, ao longo dela, faça pausas para avaliar se o que está realizando está atingindo os resultados esperados.

Todavia mexer-se não contempla somente mover suas peças para alcançar o que você planejou. Também pode ser entendido como divertir-se, viajar, visitar um amigo, atividades que te refresquem a mente para quando você focar novamente em seu objetivo. Faça isso e terá energia para praticar a Dica 8.

Algumas frases para pensar:

"A fazenda que procede da vaidade diminuirá, mas quem a ajunta pelo

trabalho terá aumento." (Provérbios 13:11).

"Esforcem-se para ter uma vida tranquila, cuidar dos seus próprios negócios e trabalhar com as próprias mãos, como nós os instruímos; a fim de que andem decentemente aos olhos dos que são de fora e não dependam de ninguém." (1 Tessalonicenses 4:10-12).

"Construam casas e habitem nelas; plantem jardins e comam de seus frutos." (Jeremias 29:5).

"Só o trabalho nos dá equilíbrio e sentido ao princípio da nossa importância." (Di Mariole).

"O melhor anestésico para a angústia vital, que é a certeza da finitude, é o trabalho, o trabalho que fazemos por gosto, por amor. Saímos de nós e nos projetamos nesse trabalho, aí está a morada da felicidade, ou a anestesia da infelicidade. Pobres dos que só trabalham pelo salário." (Luiz Carlos Prates).

"Um ser humano deve ter ocupação, ele não deve se tornar um incômodo para o mundo." (Dorothy Leigh Sayers).

Dica 8: Persista com Perspicácia

Como o Rei seja um camaleão, adapte-se!

Apesar de poder se movimentar apenas uma casa por vez, essa peça pode ir para qualquer direção. Protegê-la fará você vencer a partida ou pelo menos não perder. Não desista nos primeiros desafios e, como dito, não se abale por qualquer motivo. Não pare porque acha que fracassou ou mesmo se tiver certeza! Persista! Procure outra alternativa ou mude de direção. Apenas não fique parado. Um Rei imóvel e sem proteção é facilmente posto em xeque.

Entenda que a mudança de direção não deve ser aleatória. Lembre-se da famosa frase em “Alice no país das Maravilhas” de Lewis Carroll: Pra quem não sabe para onde vai qualquer caminho serve.

Saiba que cada partida fará com que você vá melhor e mais preparado para a próxima. Uma vez um líder me disse que se tivesse a oportunidade de falar com seu “eu” de 18 anos atrás, não o reconheceria, pois, seria completamente diferente do que ele se tornou hoje. E de fato é verdade. Como vimos, estamos em constante aprendizado e não somos agora nem como éramos há uma semana atrás. Não somos agora nem como éramos há um minuto!

Por isso a ideia da persistência. Faça de novo! Faça de outra forma. Você pode ter aprendido algo nesse meio tempo que não sabia antes, algo que pode ser primordial para aplicar o xeque-mate. Então persista! Ganhe pela insistência, mas seja cauteloso nos movimentos. Essa é a minha ideia de Persistir com Perspicácia. Com certeza isto somado a todas as outras dicas, tornará sua vida ao menos um pouco melhor.

Abaixo algumas frases para refletir:

"Uma árvore caída não faz sombra, não serve de abrigo. Mantenha-se de pé." (Dirceu Azevedo).

"Você não precisa de menos obstáculos, precisa de menos desculpas." (Alison Zigulich).

"Ficar parado nos leva para um lugar horrível, pois experimentamos ainda mais tristeza e frustração! O negócio é levantar a cabeça, ter muita fé e seguir sempre em frente!" (Surama Jurdi).

"Portanto, também nós, uma vez que estamos rodeados por tão grande nuvem de testemunhas, livremo-nos de tudo o que nos atrapalha e do pecado

que nos envolve, e corramos com perseverança a corrida que nos é proposta..." (Hebreus 12:1.)

"A perseverança, um caráter aprovado; e o caráter aprovado, esperança." (Romanos 5:4).

"Irmãos, não penso que eu mesmo já o tenha alcançado, mas uma coisa faço: esquecendo-me das coisas que ficaram para trás e avançando para as que estão adiante, prossigo para o alvo, a fim de ganhar o prêmio do chamado celestial de Deus em Cristo Jesus." (Filipenses 3:13,14).

Este livro foi composto, editado e revisado em Times New Roman 14. Finalização em janeiro de 2022.

www.ingramcontent.com/pod-product-compliance
Lightning Source LLC
LaVergne TN
LVHW041133150826
845673LV00007B/2298